KB268840

이미지로 보는 한인디아스포라와 한반도

저자

임채완 전남대학교 정치외교학과 교수, 전남대학교 세계한상문화연구단 단장, 정치사회학 박사
허성태 조선대학교 러시아어과 교수, 문학 박사
임영언 전남대학교 세계한상문화연구단 전임연구원, 사회학 박사

전남대학교 세계한상문화연구 4차 총서 8

이미지로 보는 한인디아스포라와 한반도

2012년 7월 25일 초판 인쇄
2012년 7월 30일 초판 발행

지은이 | 임채완 허성태 임영언
펴낸이 | 이찬규
펴낸곳 | 북코리아
등록번호 | 제03-01240호
주소 | 462-807 경기도 성남시 중원구 상대원동 146-8
　　　우림2차 A동 1007호
전화 | 02) 704-7840
팩스 | 02) 704-7848
이메일 | sunhaksa@korea.com
홈페이지 | www.bookorea.co.kr
ISBN | 978-89-6324-103-6 (94300)
　　　978-89-6324-095-4 (전9권)

값 15,000원

* 이 총서는 2007년도 한국연구재단의 기초연구과제지원(인문사회분야)에 의하여 연구되었음(KRF-2007-322-H00001).

전남대학교 세계한상문화연구 4차 총서 8

이미지로 보는
한인디아스포라와 한반도

Korean Diaspora and the Korean Peninsula through Images

임채완 허성태 임영언 지음

북코리아

이 총서는 전남대학교 세계한상문화연구단이 2007년 8월부터 2010년 7월까지 수행한 한국연구재단 기초연구과제 "근현대 한인디아스포라 지식자원 발굴과 DB 구축" 사업의 연구 결과를 담은 것이다. 이 연구의 목적은 재외한인이 생산한 문헌정보자원(도서, 신문 등)의 발굴, 수집, 그리고 체계적인 정리와 데이터베이스(DB)화를 통해 자료의 영구보존과 학술적 활용체계를 갖추는 데 있다.

근대 한민족 역사에서 발생한 정치·사회적 급변은 우리 민족이 생산한 수많은 지적·문화적 유산들을 망실하게 하였다. 또한 재외한인이 집단적으로 거주한 지역에서도 이들이 생산한 많은 자료들 역시 관리 소홀과 체계적 정리의 미흡으로 망실되었다. 이러한 현실 인식을 바탕으로 우리 연구단은 해외 한민족 이주 100년사를 정리하는 중요한 학문적 접근의 하나로 그동안 생성된 해외 한민족의 지식자원을 발굴하고 이를 학문적으로 활용할 수 있도록 체계적 정리작업을 수행하였다.

현재 연구결과는 이미 DB화되어 있으며, 그 가운데 중요한 내용은 이 분야에 관심 있는 연구자와 후학들을 위하여 총서로 출판하게 되었다. 총 9권으로 구성된 이번 4차 총서의 내용은 다음과 같다. 즉 『재일코리안 디아스포라 문화콘텐츠』, 『근현대 중국 조선족 문헌집』, 『중국 조선족 교육자료 해제』, 『연해주 고려인의 법과 생활 그리고 교육(1920~30년대)』, 『연변조선족 기업의 형성사』, 『중앙아시아 고려인 지식자원 해제』, 『재일코리안 디아스포라 문학』, 『이미지로 보는 한인디아스포라와 한반도』, 『흑룡강성 조선족 기업의 성장과 기업가정신』 등이다.

연구의 내용은 구체적으로 러시아, 중앙아시아, 중국 지역에 한인디아스포라가 이주한 이후 1990년대까지 100년 동안 생산된 문헌정보자원의 핵심원문정보를 수집·정리하여 메타데이터를 작성하고 데이터베이스를 구축하는 것이다.

연구단은 사업기간 3년 동안 5개 국가, 50여 곳의 기록보관소와 도서관 및 언론사 등을 대상으로 자료조사를 수행하였다. 방문조사 지역은 러시아의 모스크바, 페테르부르크, 연해주, 사할린 지역의 국립도서관, 역사문서보관소, 대학도서관, 그리고 한인언론사 등이다. 또한 중앙아시아 지역은 우즈베키스탄, 카자흐스탄, 그리고 키르기즈스탄의 국립도서관, 국립중앙기록보존소, 대학도서관 등이다. 특히 카자흐스탄에서는 고려신문 등 한인언론사도 방문하였다. 중국 지역 조사대상은 길림성, 흑룡강성, 요령성, 그리고 북경 지역의 민족도서관, 대학도서관, 민족출판사, 연변일보 등 한인언론사 등이다. 재외한인 관련 자료 가운데 희귀한 것들은 개인이 소장하고 있는 경우가 많기 때문에, 시간이 촉박함에도 불구하고 일일이 개별방문을 통하여 개인 소장 자료들을 수집하였다.

지난 3년간 수집한 자료는 다음과 같다. 중국 지역에서 단행본 3,686건, 저널 3,449건, 신문 5,426건, 러시아 지역에서 단행본 2,327건, 논문 506건, 신문 1,964건, 그리고 중앙아시아 지역에서 단행본 1,167건, 논문 249건, 저널 494건, 신문 394건을 수집하였다. 제3차년도 한 해 동안 수집한 일본 지역 자료는 단행본 1,210건, 저널 226건, 신문 465건 등이다.

이러한 사업의 성과는 학술적으로 학문후속세대에게 귀중한 토대자료를 제공하고, 재외한인이 남긴 지적 유산을 영구 보존함과 동시에 교육적 활용체계를 구축하는 데 그 의의가 있다. 또 구체적인 조사결과는 재외한인이 거주하는 국가의 초기 이주사를 비롯하여 재외한인들의 생활상, 사회상, 그리고 문화활동 등을 담고 있으므로 재외한인 연구의 귀중한 자료로 활용될 수 있을 것이다. 특히 거주국 재외한인과 관련하여 어떠한 자료가 어디에 어느 정도 있는지 소상히 밝혀 줌으로써 재외한인 관련 문헌자료에 대한 정보를 제공하는 데 큰 의의를 갖는다. 수집된 자료 중에는 거주국과 모국과의 관계를 엿볼 수 있는 자료도 포함되어 있어 지구화시대 국제경쟁력을 제고하는 데 기여할 수 있을 것이다.

9권으로 구성된 이번 총서는 전남대학교 세계한상문화연구단이 그동안 출판한 33권의 총서에 이어서 발간되는 네 번째 시리즈이다. 이번 4차 총서 역시 재외동포 연구자들에게 귀중한 자료로 활용되어 한국연구재단이 추구하는 사업성과의 사회적 확산이라는 사업목적에 부응할 수 있었으면 한다. 특히 재외동포학 또는 디아스포라학의 심화를 위하여 열심히 연구하고 있는 학문후속세대에게도 재외한인 사회와 문화연구에 큰 도움이 되기를 바란다.

총서 발간을 위하여 성원과 협조를 아끼지 않은 모든 분들께 이 기회를 빌려 깊은 감사의 마음을 전한다. 지난 3년간 현지 조사과정에서 많은 도움을 주신 관련 단체, 연구자, 현지 조력자들의 노고에 감사드린다. 그리고 이번 연구가 원활하게 수행될 수 있도록 배려해 주신 한국연구재단, 전남대학교 산학연구처에 진심으로 감사드린다. 특히 현지에서 연구조사를 수행한 연구원은 누구도 가지 않은 전인미답의 길을 개척하는 심정으로 현지조사에 최선을 다하여 임하였다. 또한 자료 복사의 시설과 조건이 너무도 열악하였으며, 자료의 열람 자체가 험난한 과정의 연속이었기 때문에 조사기간

동안 열성을 다하여 유종의 미를 거둔 연구원들의 노고에 진심으로 감사드린다. 끝으로 총서 출간을 위하여 애쓰신 북코리아 이찬규 사장님께도 심심한 사의를 표한다.

2012년 7월

전남대학교 세계한상문화연구단장 임채완

1960년대 후반부터 한국인의 미국 및 서구 국가로의 대량 이민과 1990년대 초기부터 한국 정부가 중국 및 독립국가연합(CIS)과 국교를 정상화함에 따라 재외동포는 한국과 점점 밀접한 관계를 유지하게 되었다. 이러한 과정에서 한국 내에서 재외동포에 관한 연구가 점차 활성화되었다. 1980년대 미국에서는 재외동포를 연구하는 한국계 학자들이 많았으며 일본에서도 재일동포를 연구하는 한국계 및 일본계 학자들이 상당히 있었다. 하지만 사회과학이 별로 발달하지 못했던 중국과 독립국가연합에서의 재외동포 연구는 한국 소재 대학과 학자들의 몫이었다. 한국에서는 그동안 재외동포를 연구하는 학자의 수가 급격히 증가했으며 전문연구소도 여러 개 설립되었다.

한국의 재외동포 연구소 중 지금까지 제일 큰 규모의 연구진을 구성하여 가장 큰 연구업적을 이룬 기관은 단연 전남대학교 세계한상문화연구단과 연구자 양성기관인 디아스포라학과이다. 세계한상문화연구단은 2002년 설립 이후 세계한상과 글로벌 디아스포라 연구를 통해 700만 한인디아스포라를 민족 자산으로 활용할 수 있는 대안과 구체적인 실천 방법을 모색하기 위해 노력해 왔다. 그동안 세계한상문화연구단은 어떠한 다른 연구소보다 월등히 많은 연구비를 한국연구재단으로부터 지원받아 세계 여러 나라에 흩어져 있는 재외동포와 그곳 동포사회의 구조에 대해서 다방면으로 연구해 왔다. 그 결과 33권이나 되는 거대한 분량의 책을 발간하기도 했다.

전남대학교 세계한상문화연구단이 이번에는 "근현대 한인디아스포라 지식자원 발굴과 DB 구축"의 연구 성과를 집약해서 총서로 발간하게 되었다. 재외동포를 연구하는 학자로서 임채완 교수와 연구단의 다른 관련 교수 및 연구원들에게 이 책의 출판에 대해서 심심한 축하를 보낸다. 총 9권으로 구성된 연구총서는 지난 2007년 8월부터 3년간 한국연구재단의 지원을 받아 수행된 결과이다. 이 책의 내용은 19세기 후반부터 1990년대까지 100년간 중국, 러시아, 중앙아시아 국가와 일본 등지로 이주한 한인디아스포라들에 의해 생산된 도서와 신문들 중 학술적 가치, 활용도가 높은 문화자원을 중심으로 발굴·수집하여 이들의 해제 및 소개에 중점을 두고 있다. 9권의 책 내용을 훑어보니 모두 중요해 보이는데, 특히 『근현대 중국조선족 문헌집』, 『재일코리안 디아스포라 문화콘텐츠』 및 『중앙아시아 고려인 지식자원 해제』는 현지 동포를 연구하는 학자들에게 매우 중요한 자료가 될 수 있다.

한국 내 재외동포를 연구하는 학자들이 지금까지는 현지에서 동포와의 개인 인터뷰나 역사자료를 수집하여 분석함으로써 저서와 논문을 쓰는 데 바빴다. 하지만 이 총서는 재외동포가 크게 집중되어 있는 세 지역의 동포에 대한 중요한 문화·역사·지식자료를 정리하고 해설하였기 때문에, 다른 학자들이 재외동포를 연구하는 데 많은 도움을 줄 수 있게 만들었다는 점에서 재외동포 연구의 수준을 한 단계 높였다고 생각한다. 특히 독립국가연합과 중국지역에서 한인디아스포라 주요 문화자원에 대한 접근이 현지 사정상 갈수록 어려워지고, 또한 현지 한글사용세대의 고령화와 3~4세대의 무관심으로 개인소유 문화자원이 폐기와 훼손의 위기에 처해 있는 시점에서 이 총서의 발간은 매우 시의적절한 것이다.

2012년 7월

뉴욕시립대학교 퀸즈칼리지 재외한인연구소장 민병갑

　『이미지로 보는 한인디아스포라와 한반도』는 전남대학교 세계한상문화연구단이 한국연구재단의 지원을 받아 수행한 '근현대 한인디아스포라 지식자원 발굴과 DB 구축(KRF-2007-322-H00001)' 사업의 러시아팀 연구결과이다.

　세계한상문화연구단은 '근현대 한인디아스포라 지식자원 발굴과 DB 구축' 사업의 일환으로 러시아 전역에 산재해 있던 망실 위기에 처한 방대한 양의 근현대 한인 관련 자료와 한인지식자원을 3년(2007. 8. 1~2010. 7. 31)여에 걸쳐 발굴·수집하였다. 이 책은 19세기 초~20세기 중반에 러시아에서 발행된 러시아어 출판물에 실린, 국내에 아직 소개되지 않은, 구한말 한인과 조선 관련 사진이나 삽화, 러일전쟁(1904~1905)과 6·25전쟁(1950~1953) 당시의 희귀 사진과 이미지 등을 엄선하여 수록하였다.

　2010년은 일본에 의한 한국 강제 병합 100년, 국권회복 65주년, 6·25전쟁 발발 60년, 냉전시대의 한 축을 담당했던 소비에트 붕괴 후 한국과 러시아가 외교관계를 복원한 지 20주년이 되는 중요한 해였다. 이와 같이 민족사적으로 매우 의미 있는 2010년에 출간되어야 했던 이 책이 여러 가지 사정으로 인해 다소 늦게 세상에 나오게 되었다. 이 책의 출판이 신분 차별과 탐관오리의 횡포를 피해 조국을 등지고 국경을 넘은 초기 이주민들, 민족 독립의 염원을 안고 조국을 떠나 낯설고 물 선 연해주 땅을 무대로 독립운동을 전개하다 이름 없이 사라져간 독립투사들, 인간이 살 수 없는 '저주의 땅' 연해주를 '생명의 땅'으로 탈바꿈시켜놓고도 포상은커녕 영문도 모르고 수억만 리 중앙아시아로 강제 이주 당해 형극의 삶을 살다간 '고려인' 동포들, 그리고 해방 공간의 동포들과 6·25전쟁 희생자들의 넋을 조금이나마

위로할 수 있기를 바란다.

　이 책이 나오기 까지 여러분들의 도움이 있었다. 먼저 책 발간을 지원해 준 한국연구재단에 감사드린다. 해외조사 과정에서 여러 가지 도움을 주신 현지 관계자 여러분, 이 책이 나오기까지 많은 수고를 하신 공동연구원 여러분, 연구보조원 여러분에게도 감사의 마음을 전한다. 마지막으로 어려운 여건 속에서도 이 책의 출간을 허락해 주신 북코리아의 이찬규 사장님과 조악한 원고를 멋진 책의 모습으로 탈바꿈시켜주신 김수진 선생님께도 이 자리를 빌려 감사의 말씀을 드린다.

2012년 7월
공동저자 일동

차 례

Ⅲ 이미지로 보는 6·25

I

이미지로 보는 구한말 조선

구한말 조선과 백성,
그리고 이주민

Корейские переселенцы на русской границе
러시아 국경의 조선인 이주민들

출처: "Живописная Россиия" 12 й том. Часть Первая, 1895년(뻬쩨르부르그, 모스크바), 422쪽,
저자: П.П.Семенов, 출판사: Товарищество М.О. Вольф

출처: "Живописная Россиия" 12 й том, Часть Первая, 1895년(뻬쩨르부르그, 모스크바), 423쪽.

Корейцы и кореянки
조선인 남성과 여성

출처: "Живописная Россиия" 12 й том, Часть Первая, 1895년(뻬쩨르부르그, 모스크바), 423쪽.
저자: П.П.Семенов, 출판사: Товарищество М.О. Вольф

출처: "Живописная Россия" 12 й том, Часть Первая, 1895년(뻬제르부르그, 모스크바), 424쪽,

Корейский поселянинъ
조선의 백성(남)

출처: "Живописная Россия" 12 й том, Часть Первая, 1895년(뻬제르부르그, 모스크바), 424쪽,
저자: П.П.Семенов, 출판사: Товарищество М.О. Вольф

Корейская поселянка
조선의 백성(여)

출처: 저널 ˝Живописная Россия˝ 1835년(모스크바), 424쪽, 저자: П.П.Семенова ,출판사:
Товарищество М.О. ВОльфъ

Корейская дама
조선의 숙녀

출처: "Живописная Россиия" 12й том, Часть Первая, 1895년(뻬쩨르부르그, 모스크바), 425쪽,
저자: П.П.Семенов, 출판사: Товарищество М.О. Вольф

출처: "Живописная Россиия" 12 й том, Часть Первая, 1895년(뻬쩨르부르그, 모스크바), 427쪽,

Судъ корейцев надъ воромъ
조선인들의 도둑에 대한 재판 광경

출처: "Живописная Россиия" 12 й том, Часть Первая, 1895년(뻬쩨르부르그, 모스크바), 427쪽,
저자: П.П.Семенов, 출판사: Товарищество М.О. Вольф

Корейское жилище
조선의 민가

출처: "Живописная Россиия" 12 й том, Часть Первая, 1895년(뻬쩨르부르그, 모스크바), 429쪽,
저자: П.П.Семенов, 출판사: Товарищество М.О. Вольф

출처: "Живописная Россиия" 12 й том. Часть Первая, 1895년(뻬쩨르부르그, 모스크바), 430쪽,

Группа корейцев
조선인 그룹

출처: "Живописная Россиия" 12 й том. Часть Первая, 1895년(뻬쩨르부르그, 모스크바), 430쪽,
저자: П.П.Семенов, 출판사: Товарищество М.О. Вольф

Корейские земледелцы

조선의 농부들

출처: ˝Всемирный Путешественник: Путешествия Пржевалского˝ 1900년 4월 20일
(뻬쩨르부르그), 455쪽, 저자: А.В.Зеленинь, 출판: П.П. Сойкина

출처: Корея, 1904년(뻬쩨르부르그), 5쪽. 출판사: Издание книжного магазина «К.ФЕЛЬДМАНЪ», 저자: Сувиров

Корейские дети
조선의 아이들

출처: Корея, 1904년(뻬쩨르부르그), 5쪽. 출판사: Издание книжного магазина «К.ФЕЛЬДМАНЪ», 저자: Сувиров

Карта Кореи

조선 전도

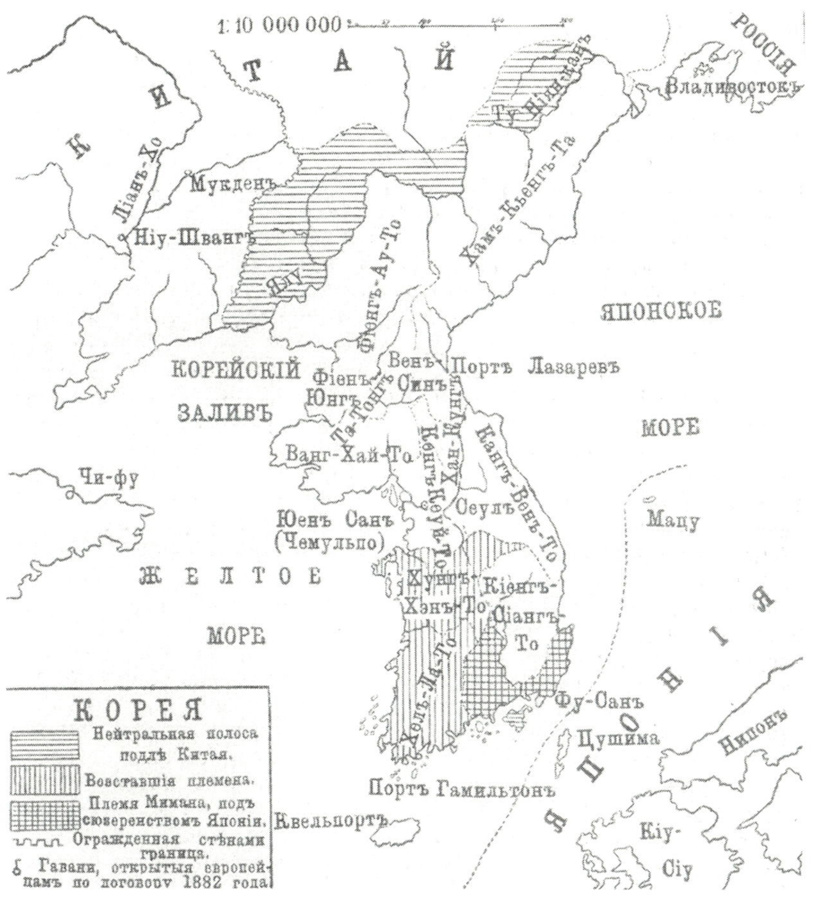

출처: Новое Время 184, 1894년 7월 21일(토), (뻬쩨르부르그), 5쪽

Городской колокол в Сеуле
서울의 종

출처: Новое Время 248, 1895년 10월 26일(토), (뻬쩨르부르그), 5쪽

Русская почтовая станция на Корейской границе
조선 국경의 러시아 우편역

출처: Корея, 1904년(뻬쩨르부르그), 99쪽, 출판사: Издание книжного магазина
«К.ФЕЛЬДМАНЪ», 저자: Сувиров

Общий вид Кхангъ-хоа

강화도 전경

출처: Земля и люди. Всеобщая география. 1898년 8월 25일(뻬쩨르부르그), 542쪽, 저자: Элизе Реклю(С.П.Зыков 역), 출판사: Общественная польза

Население Кореи и ее административные пункты
조선의 인구와 행정구역

Населеніе Кореи и ея административные пункты.

Названіе провинціи	Число уѣзд.	мужчинъ.	женщинъ.	всего	домовъ.	Главные города.
Хань-янъ (Сеулъ) [1]	—	115.447	104.768	219.815	45.350	Столица государства.
Кіöнъ-гый-до (столичная)	28	352.863	291.367	644.230	167.230	Су-уöнь
Чюнъ-чіöнъ-д сѣверная	17	147.330	132.372	279.702	72 313	Чюнъ-чжю.
„ оюжная	37	215.058	171.869	386·927	114.793	Конъ-чжю.
Чжіöлла-до сѣверная	36	189.780	150.342	340.122	97.815	Чжіöнь-чжю.
„ южная	33	199.791	166.249	366.090	104.918	Коанъ-чжю.
Кіöнъ-санъ-до сѣверная	41	306.854	242.959	549.813	149.952	Та-гу.
„ южная	30	261.499	199.533	461.032	126.972	Чжинь-чжю.
Хä-анъ-ха-до	24	1ꞓ4.456	151.059	335.515	93.550	Хä-чжю.
Пхіонъ-янъ-до сѣверная	23	198 331	168.918	367.241	96.406	Іонъ-біöнь.
„ южная	21	198.487	158.205	357.192	86.888	Пхіöнъ-янъ.
Канъ-уöнь-до	26	142.205	111.897	254.100	75.853	Чунь-чіöнь.
Хамъ-гіöнъ-до сѣверная	14	208.068	177.384	385.452	59.674	Кіонъ-сіöнъ.
„ южная	20	148.900	101.897	250 797	41 187	Хамъ-хынъ.
Итого	340	2 869.767	2.328.481	5.1ꞓ8.028	1.332.501	

출처: Земля и люди. Всеобщая география. 1898년 8월 25일 (뻬쩨르부르그), 710쪽, 저자: Элизе Реклю(С.П.Зыков 역), 출판사: Общественная польза

출처: Корея, 1904년(뻬쩨르부르그), 5쪽, 출판사: Издание книжного магазина «К.ФЕЛЬДМАНЪ».

Гавань фузанъ

부산항

출처: Корея, 1904년(뻬쩨르부르그), 5쪽, 출판사: Издание книжного магазина «К.ФЕЛЬДМАНЪ».
저자: Сувиров

На Ялу

압록강에서

출처: Корея, 1904년(뻬쩨르부르그), 7쪽, 출판사: Издание книжного магазина «К.ФЕЛЬДМАНЪ», 저자: Сувиров

출처: Корея, 1904년(뻬쩨르부르그), 102쪽, 출판사: Издание книжного магазина

Улица в Сеуле
서울의 거리

출처: Корея, 1904년(뻬쩨르부르그), 102쪽, 출판사: Издание книжного магазина «К.ФЕЛЬДМАНЪ», 저자: Сувиров

Чемульпо
제물포

출처: Корея, 1904년(뻬쩨르부르그), 105쪽, 출판사: Издание книжного магазина
«К.ФЕЛЬДМАНЪ», 저자: Сувиров

Карта Кореи

조선 전도

출처: Корея, 1904년(뻬쩨르부르그), 109쪽, 출판사: Издание книжного магазина «К.ФЕЛЬДМАНЪ», 저자: Сувиров

Корейцы
조선 사람들

출처: "Человек", 533쪽, 뮌헨 1912 3년, 저자: Ф. Биркнер, 출판사: Брокгаузъ Ефронъ

Корейцы
조선 사람들

출처: "Человек", 535쪽, 뮌헨 1912 3년, 저자: Ф. Биркнер, 출판사: Брокгаузъ Ефронъ

Мальчик-кореец

조선인 꼬맹이

출처: "Чеповек", 583쪽, 뮌헨 1912 3년, 저자: Ф. Биркнер, 출판사: Брокгаузъ Ефронъ

Кореец-юноша
조선인 청년

출처: "Человек", 583쪽, 뮌헨 1912   3년, 저자: Ф. Биркнер, 출판사: Брокгаузъ   Ефронъ

На электрическом трамвае в Сеуле
서울에서 전차를 타고 내리는 광경

출처: "Нива №4" 1904년 1월 24일 (모스크바), 76쪽

출처: Корея, 1904년(뻬쩨르부르그), 21쪽, 출판사: Издание книжного магазина

Корейский колдунъ
조선의 무당

출처: Корея, 1904년(뻬쩨르부르그), 21쪽, 출판사: Издание книжного магазина
«К.ФЕЛЬДМАНЪ», 저자: Сувиров

Алтарь буддийского храма
불교사찰의 제단

출처: Корея, 1904년(뻬쩨르부르그), 22쪽, 출판사: Издание книжного магазина
«К.ФЕЛЬДМАНЪ», 저자: Сувиров

Буддийские свящеики

불교 승려들

출처: Корея, 1904년(뻬쩨르부르그), 22쪽, 출판사: Издание книжного магазина
«К.ФЕЛЬДМАНЪ», 저자: Сувиров

출처: Корея, 1904년(뻬쩨르부르그), 23쪽, 출판사: Издание книжного магазина

Настоятель и монахи буддийского монастыря
불교사원의 주지스님과 수도승들

출처: Корея, 1904년(뻬쩨르부르그), 23쪽, 출판사: Издание книжного магазина
«К.ФЕЛЬДМАНЪ», 저자: Сувиров

출처: Корея, 1904년(뻬쩨르부르그), 28쪽, 출판사: Издание книжного магазина

Корейский учитель и его ученики
서당의 훈장과 학동들

출처: Корея, 1904년(뻬쩨르부르그), 28쪽, 출판사: Издание книжного магазина
«К.ФЕЛЬДМАНЪ», 저자: Сувиров

Корейская народная школа нового типа
조선의 신식 공공학교

출처: Корея, 1904년(뻬쩨르부르그), 29쪽, 출판사: Издание книжного магазина «К.ФЕЛЬДМАНЪ», 저자: Сувиров

Обработка поля с помощью лопаты
삽을 이용하여 토지를 경작하는 광경

출처: Корея, 1904년(뻬쩨르부르그), 34쪽, 출판사: Издание книжного магазина
«К.ФЕЛЬДМАНЪ», 저자: Сувиров

Корейское село
조선의 마을 풍경

출처: Корея, 1904년(뻬쩨르부르그), 38쪽, 출판사: Издание книжного магазина
«К.ФЕЛЬДМАНЪ», 저자: Сувиров

제2장

구한말 조선인 양반, 관리

Корейский генераль с солдатами
조선의 무관과 병사

출처: Новое Время 248, 1895년 10월 26일(토), (뻬쩨르부르그), 8쪽

Группа корейских чиновников
조선 관리들의 그룹

출처: Новое Время 248, 1895년 10월 26일(토), (뻬쩨르부르그), 8쪽

출처: "Живописная Россия" 12 й том, Часть Первая, 1895년(뻬쩨르부르그, 모스크바), 420쪽,

Корейский мандарин
조선의 고관

출처: "Живописная Россия" 12 й том, Часть Первая, 1895년(뻬쩨르부르그, 모스크바), 420쪽,
저자: П.П.Семенов, 출판사: Товарищество М.О. Вольф

Древные корейские воины(съ корейской гравюры)
고대 조선의 무사들(조선의 판화에서 발췌)

출처: Корея, 1904년(뻬쩨르부르그), 15쪽, 출판사: Издание книжного магазина
«К.ФЕЛЬДМАНЪ», 저자: Сувиров

출처: Корея, 1904년(뻬쩨르부르그), 19쪽, 출판사: Издание книжного магазина

Мужские костюмы в корее(слева холостой мужчина, женатый мужчина, Мандаринъ

조선의 남성정장(왼쪽부터 미혼 남성, 양반, 기혼 남성)

출처: Корея, 1904년(뻬쩨르부르그), 19쪽, 출판사: Издание книжного магазина «К.ФЕЛЬДМАНЪ», 저자: Сувиров

Корейские солдаты
조선의 군인들

출처: Корея, 1904년(뻬쩨르부르그), 91쪽, 출판사: Издание книжного магазина
«К.ФЕЛЬДМАНЪ», 저자: Сувиров

Корейские мандарины
조선의 양반들

출처: Земля и люди. Всеобщая география. 1898년 8월 25일(뻬쩨르부르그), 558쪽, 저자: Элизе Реклю(С.П.Зыков 역), 출판사: Общественная польза

출처: Корея, 1904년(뻬쩨르부르그), 39쪽, 출판사: Издание книжного магазина

Корейские чиновники
조선의 관리들

출처: Корея, 1904년(뻬쩨르부르그), 39쪽, 출판사: Издание книжного магазина
«К.ФЕЛЬДМАНЪ», 저자: Сувиров

구한말 조선 왕족과 궁궐

Убитая корейская королева
살해당한 조선의 왕비

출처: Новое Время 249, 1895년 11월 2일(토), (뻬쩨르부르그), 8쪽

Отец корейского короля

조선국왕의 아버지

출처: "Новое Время", 1894년 7월 21일(금), (뻬쩨르부르그), 4쪽

Корол кореи и его сынъ
조선의 국왕과 왕자

출처: Новое Время, 1894년 7월 21일(금), (뻬쩨르부르그), 4쪽

Главный входъ въ королевский дворецъ въ Сеуле
서울에 소재한 왕궁의 정문

출처: Новое Время, 1894년 7월 21일(금), (뻬쩨르부르그), 4쪽

Место аудиенции в королевском дворце в Сеуле
서울에 소재한 궁전의 알현 장소

출처: Новое Время 248, 1895년 10월 26일(토), (뻬쩨르부르그), 8쪽

Придворные танцовщицы
왕실의 무녀들

출처: Корея, 1904년(뻬쩨르부르그), 27쪽, 출판사: Издание книжного магазина «К.ФЕЛЬДМАНЪ», 저자: Сувиров

Корейский король
조선의 국왕

출처: Новое Время 248, 1895년 10월 26일(토), (뻬쩨르부르그), 5쪽

Тай-Вань-Кунъ,отец корейского короля, предводитель злодеев, умертвивших корейскую королеву

조선의 왕비를 살해한 악당들의 두목이자 조선 국왕의 아버지 – 대원군

출처: Новое Время 248, 1895년 10월 26일(토), (뻬쩨르부르그), 8쪽

출처: Корея, 1904년(뻬쩨르부르그), 42쪽, 출판사: Издание книжного магазина

Корейский император на своем троне
옥좌에 좌정한 조선 황제

출처: Корея, 1904년(뻬쩨르부르그), 42쪽, 출판사: Издание книжного магазина «К.ФЕЛЬДМАНЪ», 저자: Сувиров

출처: Корея, 1904년(뻬쩨르부르그), 44쪽

Король Ли-хси

고종(성: 李, 휘: 熙)

출처: Корея, 1904년(뻬쩨르부르그), 44쪽, 출판사: Издание книжного магазина «К.ФЕЛЬДМАНЪ», 저자: Сувиров

출처: Корея, 1904년(뻬쩨르부르그), 45쪽. 출판사: Издание книжного магазина

Корейская королева, убитая в 1895 г
1895년에 살해당한 조선의 왕비(명성황후)

출처: Корея, 1904년(뻬쩨르부르그), 45쪽. 출판사: Издание книжного магазина
«К.ФЕЛЬДМАНЪ», 저자: Сувиров

출처: Корея, 1904년(뻬쩨르부르그), 50쪽, 출판사: Издание книжного магазина

Корейский наследник престола и его супруга
조선의 왕세자와 왕세자빈

출처: Корея, 1904년(뻬쩨르부르그), 50쪽, 출판사: Издание книжного магазина
«К.ФЕЛЬДМАНЪ», 저자: Сувиров

출처: Корея, 1904년(뻬쩨르부르그), 69쪽, 출판사: Издание книжного магазина «К.ФЕЛЬДМАНЪ», 저자: Сувиров

Корейский Король и наследный принц
조선의 국왕과 왕세자

출처: Корея, 1904년(뻬쩨르부르그), 69쪽, 출판사: Издание книжного магазина «К.ФЕЛЬДМАНЪ», 저자: Сувиров

Корейский главнокомандующий Мин Ионг Хоан
대한제국 군사령관 민영환

출처: 저널 "Нива №4", 1904년 1월 24일(모스크바), 77쪽

제4장

구한말 서울 주재 외국 공관

Дом русской дипломатической миссии в Сеуле

서울 소재 러시아 외무공관

출처: Новое Время 248, 1895년 10월 26일(토), (뻬쩨르부르그), 5쪽

Японское посольство

서울 일본대사관

출처: 저널 "Нива №4", 1904년 1월 24일(모스크바), 76쪽

Германское посольство

서울 독일대사관

출처: 저널 "Нива №4", 1904년 1월 24일(모스크바), 76쪽

Японское консульство

서울 일본영사관

출처: 저널 "Нива №4", 1904년 1월 24일(모스크바), 76쪽

Английское посольство

서울 영국대사관

출처: 저널 "Нива No4", 1904년 1월 24일(모스크바), 76쪽

Русское посольство
서울 러시아대사관

출처: 저널 "Нива №4", 1904년 1월 24일(모스크바), 76쪽

Французское посольство
서울 프랑스대사관

출처: 저널 "Нива №4", 1904년 1월 24일(모스크바), 76쪽

Новый дом русской императорской миссии в Сеуле
서울 소재 러시아 외교부 新공관

출처: Новое Время 249, 1895년 11월 2일(토), (뻬쩨르부르그), 8쪽

II

이미지로 보는 러일전쟁

제1장

제물포 해전(1904)

Крейсер Варяг под командою кап. Руднева, эскортируемый корейцем, выходит из порта Чемульпо и геройски вступает в неравный бой с японской эскадрой в состав 6 крейсеров и 8 мононосцев. Рис. Н. Иогансона

캡틴 루드네브의 지휘 하에 순양함 바라그호가 카례예츠함의 에스코트를 받으면서 6대의 순양함과 8대의 구축함으로 구성된 일본함대와의 불균등한 전투를 영웅적으로 수행하고 있다. 그림: 엔.요한슨

출처: 저널 "Нива №.13", 1904년 3월 27일 (모스크바), 257쪽

Бой под Чемульпо. Путь, совершенный Варягом и Корейцем. Эскиз очевидца

제물포 전투. 바랴그함과 카례예츠함의 항로(목격자의 스케치)

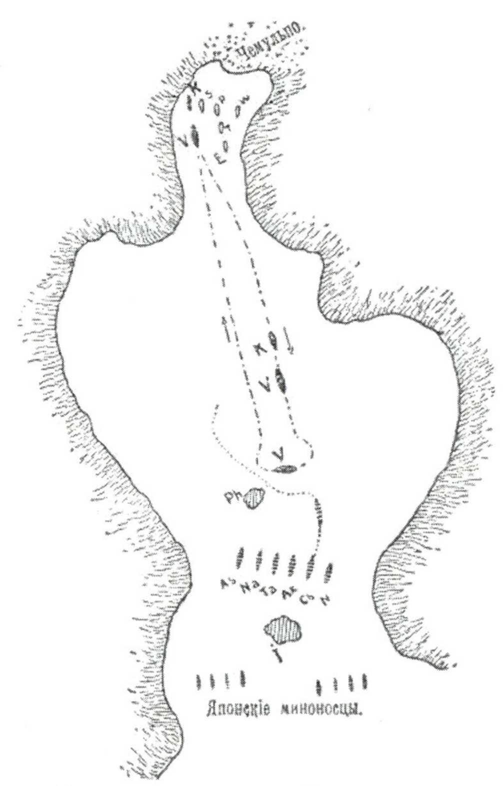

Бой подъ Чемульпо. Путь, совершен-
ный „Варягомъ" и „Корейцемъ".
Эскизъ очевидца.

K.	Кореецъ.	*Ph.*	Маякъ.
S.	Сунгари.	*I.*	Островъ.
V.	Варягъ.	*As.*	Асама.
P.	Паскаль.	*Na.*	Нанива.
T.	Тальботъ.	*Ta.*	Такошиха.
E.	Эльба.	*Ak.*	Акаши.
W.	Виксбургъ.	*Ch.*	Чіода.
		N.	Нитака.

출처: 저널 "Нива №.13", 1904년 3월 27일 (모스크바), 257쪽, 목격자의 스케치

На палубе крейсера Варяг вовремя боя под Чемулпо. При возвращении крейсера с гавань пущенный в него японский снаряд приводит с бездействие одно из орудий на крейсере.

제물포 전투 당시 일본군의 포탄을 맞은 바략호의 갑판 모습

출처: 저널 "Нива №.19", 1904년 5월 8일(뻬쩨르부르그), 378쪽, 출판: А.Ф.Маркаса

Корпус Варяга на другой день после боя во время отлива(По фот. съ «Паскаля»)

전투 다음날 썰물 때의 바랴함 선체의 모습(사진: 프랑스 순양함 파스칼호 촬영)

출처: 저널 "Нива №13" 1904년 3월 27일 (모스크바), 258쪽

Варяг в 4 ч. 15м. Пополудни 27-го января(По фот. съ «Паскаля»)
1월27일 오후4시15분 바략함 모습(사진: 프랑스 순양함 파스칼호 촬영)

출처: 저널 "Нива №13", 1904년 3월 27일(모스크바), 258쪽

Раненые русские моряки с Варяга на паровом катере французского крейсера Паскаль

러시아 부상병들이 바략그호에서 프랑스 순양함 파스칼호의 증기보트로 이선하는 광경

출처: 저널 "Нива №.13", 1904년 3월 27일(모스크바), 258쪽

«Кореец» горит. По фот. Р. Денна
불타는 카례예츠호(사진: 에르. 덴)

출처: 저널 "Нива №.15", 1904년 4월 10일(모스크바), 290쪽

«Кореец» погружается. По фот. Р. Денна.
침몰하는 카례예츠호(사진: 에르. 덴)

출처: 저널 ˝Нива №.15˝, 1904년 4월 10일(모스크바), 291쪽

Русские моряки Воряга и Крейца приветствуют в знак благодарности английский пароход Амфитрита с парохода Ним-Санг, принявшего их с Амфитриты и доставившего их в Коломбо. По наброску лейтената Дж. Диккенса

러시아 바략과 카례예츠호 선원들이 자신들을 암피트리타호로부터 인계받아서 콜롬보로 이송해준 님상호 함상에서 감사의 표현으로 영국선박 암피트리타호를 환영하고 있다. 존 디켄스 중위의 스케치

출처: 저널 "Нива No.15", 1904년 4월 10일(모스크바), 291쪽

Группа героев Чемулпо, снятая на пути из Одессы в Севастополь на пароходе Св.Николай

제물포의 영웅들: 오데사에서 세바스토폴로 항해 중인 성 니콜라이호 함상에서 촬영

출처: 저널 "Нива №15", 1904년 4월 10일(모스크바), 291쪽, 출판: А.Ф.Маркаса

Встреча героев Чемулпо в Петербурге, 16-го апреля т.г. У воинской платфорсы Николаевского вокзала.

제물포의 영웅들 영접(1904년 4월 16일 뻬쩨르부르그 니콜라옙스키역 군용 플랫폼)

출처: 저널 "Нива No.17", 1904년 4월 24일(모스크바), 336쪽, 출판: А.Ф.Маркаса

Перед Зимним дворцом. Государь император обходит фронт выстроившихся команд Варяга и Корейца.

겨울궁전 앞에서 바랴그함과 카례예츠함 대원들을 열병하는 러시아황제 니콜라이2세

출처: 저널 "Нива №.17", 1904년 4월 24일(모스크바), 337쪽 출판: А.Ф.Маркаса

Команды Варяга и Корейца после обеда в Зимним дворце с подареными им сталовыми приборами

점심식사를 마친 후 하사받은 철재식기를 들고 겨울궁전 앞에 서 있는 바랴그함과
카레예츠함대원들

출처: 저널 "Нива №.17", 1904년 4월 24일(모스크바), 337쪽, 출판: А.Ф.Маркаса

Ужин, устроенный городом командам Варяга и Корейца в народном доме Императора Николай 2. Встреча героев Чемулпо 16-го апреля

러시아황제 니꼴라이 2세의 인민의 전당에서 베풀어진 뻬쩨르부르그시 주최 바랴그호와 카례예츠호 함대원 환영만찬(1904년 4월 16일)

출처: 저널 "Нива №17", 1904년 4월 24일(모스크바), 337쪽, 출판: А.Ф.Маркаса

Встреча героев Чемулпо 16-го апреля т.г. оржественное шествие команд Варяга и Корейца по Невскому проспекту, от Николаевского вокзала к Зимнему дворцу. У Садовой улицы

1904년 4월 16일 제물포영웅들 환영행사. 넵스키대로를 따라 니콜라예스키역에서 겨울궁전을 향해 행진하는 바랴그호와 카례예츠함대원들의 장엄한 행렬

출처: 저널 "Нива №.17", 1904년 4월 24일(모스크바), 338쪽, 출판: А.Ф.Маркаса

Адрес, поднесенный 16-го апреля с петербургским городским общественным управлением экипажу крейсера Варяг

뻬쩨르부르그시 사회통제국이 1904년 4월 16일에 바랴그호 대원들에게 증정한 헌사(표지 장식)

출처: 저널 "Нива No.17", 1904년 4월 16일(뻬쩨르부르그), 338쪽, 출판: А.Ф.Маркаса

Адрес, поднесенный 16-го апреля с-петербургским городским общественным управлением экипажу канонерской лодки Кореец

뻬쩨르부르그시 사회통제국이 1904년 4월 16일에 카레예츠호 대원들에게 증정한 헌사(표지 장식)

출처: 저널 "Нива №.17", 1904년 4월 16일(뻬쩨르부르그), 338쪽, 출판: А.Ф.Маркаса

Образ со крейсера Варяг

바랴그호에서 가져온 성상, 시사회통제국이 1904년 4월 16일에 카레예츠호
대원들에게 증정한 헌사(표지 장식)

출처: 저널 "Нива №17", 1904년 4월 16일(뻬쩨르부르그), 339쪽, 출판: А.Ф.Маркаса

Серебряное блюдо, на котором поднесена хлеб-соль от с-петербургского городского общественного упровления командиру крейсера Варяг Флигель-адъютану Рудневу

뻬쩨르부르그시 사회통제국에서 바랴그호 함장 루드녜프에게 빵과 소금을 담아 가져간 은접시

출처: 저널 "Нива №17", 1904년 4월 16일(뻬쩨르부르그), 339쪽, 출판: А.Ф.Маркаса

Братина, поднесенная героям Чемулпо с-петербургским городским общественным управлением

뻬쩨르부르그시 사회통제국이 제물포 영웅들에게 증정한 금속제 술병

출처: 저널 "Нива No.17", 1904년 4월 16일(뻬쩨르부르그), 339쪽, 출판: А.Ф.Маркаса

Серебряное блюдо, на котором поднесена хлеб-соль от с-петербургского городского общественного управления командиру канонерской лодки Кореец . Г.П. Беляеву

뻬쩨르부르그시 사회통제국에서 카례예츠호 함장 벨랴예프에게 빵과 소금을 담아 가져간 은접시

출처: 저널 "Нива No.17", 1904년 4월 16일(뻬쩨르부르그), 339쪽, 출판: А.Ф.Маркаса

제2장

압록강과 조선반도 일대 러일전쟁

Стычка наших охотников с японцами, высадившимися на о. Сомалинда(на р. Ялу) 26-го марта т. г

압록강의 소말린다(Somalinda)섬에 상륙하려는 일본인과 이를 저지하려는 러시아 사냥꾼들과의 1904년 3월 26일 접전

출처: 저널 "Нива №18", 1904년 5월 1일(뻬쩨르부르그), 349쪽, 출판: А.Ф.Маркаса

Японская артиллерия на пути к р. Ялу. Рис. Г. Кококъ

압록강을 향해 행군하는 있는 일본 포병(그림: 코콕)

출처: 저널 "Нива №.18," 1904년 5월 1일(뻬쩨르부르그), 352쪽, 출판: А.Ф.Маркаса

Японская пехота на пути к р. Ялу. Корейцы-кули несут прессованный фураж. Рис. Г. Кококъ

압록강을 향해 행군하는 있는 일본 보병. 조선인   짐꾼들이 압축사료를 운반하고 있다(그림: 코콕)

출처: 저널 "Нива No.18", 1904년 5월 1일(뻬쩨르부르그), 352쪽, 출판: А.Ф.Маркаса

В Корее японские войска переходят реку в броде. Рис. А.Михаэль

조선의 강(여울)을 건너는 일본군(그림: 미하일)

출처: 저널 "Нива №.18", 1904년 5월 1일(뻬쩨르부르그), 353쪽, 출판: А.Ф.Маркаса

Расположение русских и японских войск перед боем под Тюренченом 17-го и 18-го апреля

1904년4월17~18일 츄롄첸(Tyurenchen) 전투 직전의 러시아군과 일본군 배치도

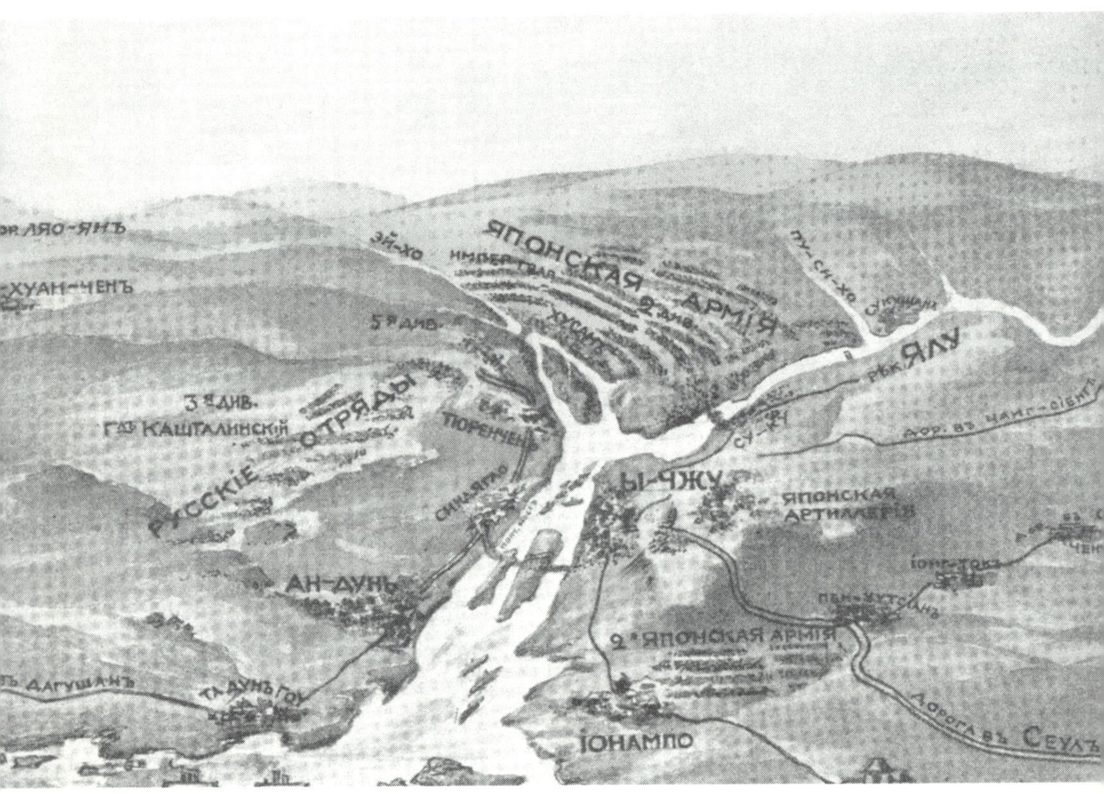

출처: 저널 "Нива №19", 1904년 5월 8일(뻬쩨르부르그), 370쪽, 출판: А.Ф.Маркаса

Бой под Тюренченом. Контр-атака в штыки знаменной роты 11-го восточно-сибирского стрелкового полка

츄렌첸(Tyurenchen) 전투. 제11 동시베리아 소총 연대 본부중대의 역습

출처: 저널 "Нива №19", 1904년 5월 8일(뻬쩨르부르그), 372쪽, 출판: А.Ф.Маркаса

Обстреливание японской пехотой пасажирского поезда с санитарными вагонами под флагом Красного Креста близ ст. Вафандян

적십자 깃발을 달고 의료품을 싣고 가는 여객열차를 사격하는 일본군 보병부대

출처: 저널 "Нива №19", 1904년 5월 8일(뻬쩨르부르그), 373쪽, 출판: А.Ф.Маркаса

Японские траншеи в северной Корее. Рис. Ч. Шельдона

북한의 일본군 교통호(그림: 쉘돈)

출처: 저널 "Нива №.19", 1904년 5월 8일(뻬쩨르부르그), 376쪽, 출판: А.Ф.Маркаса

Японцы выступают из Сеула на север . Рис.О. Герлах
서울에서 북진하는 일본인들(그림: 오.게를라흐)

출처: 저널 "Нива №.13", 1904년 3월 27일(모스크바), 225쪽

Японская армия на пути из Пхиён-яна в Ань-чдю

평양에서 안주로 이동하는 일본군

출처: 저널 "Нива №21", 1904년 5월 22일(뻬쩨르부르그), 415쪽, 출판: А.Ф.Маркаса

Японские пехотинцы и корейский носильщик
일본군 보병과 조선인 짐꾼

출처: 저널 "Нива №21", 1904년 5월 22일(뻬쩨르부르그), 413쪽, 출판: А.Ф.Маркаса

Переход японских войск у Пхиён-яна по понтонному мосту

부교(pontoon bridge)를 가설하여 도하하는 평양 근처의 일본군 모습

출처: 저널 "Нива №21", 1904년 5월 22일(뻬쩨르부르그), 416쪽, 출판: А.Ф.Маркаса

Изображение страшилищ, находятся перед каждой корейскрй деревней для защиты от злых духов

귀신을 쫓기 위해 조선의 모든 시골 마을 어귀에 세워놓은 장승

출처: 저널 "Нива №23", 1904년 6월 5일(뻬쩨르부르그), 459쪽, 출판: А.Ф.Маркаса

Вид р. Ялу
압록강 풍경

출처: 저널 "Нива №24", 1904년 6월 12일(뻬쩨르부르그), 473쪽, 출판: А.Ф.Маркаса

Русский транспорт с патронами и продовольствием на р.Ялу

식량과 탄약을 싣고 압록강을 건너는 러시아 수송부대

출처: 저널 "Нива №24", 1904년 6월 12일(뻬쩨르부르그), 474쪽, 출판: А.Ф.Маркаса

Арестованный кореец-шпион
체포된 조선인 스파이

출처: 저널 "Нива №24", 1904년 6월 12일(뻬쩨르부르그), 475쪽, 출판: А.Ф.Маркаса

Восточный корпус манчжурской армии на походе к р. Ялу. Переправа обоза через горную речку

압록강을 향해 진격하는 러시아 東만주군. 수송부대의 산악 하천 도하 장면

출처: 저널 "Нива No24", 1904년 6월 12일(뻬쩨르부르그), 475쪽, 출판: А.Ф.Маркаса

Транспортировка военных грузов в северной корей, на дороге из Цзын-нам-пхо в Пхиён-янъ

진남포에서 평양으로 군수물자를 수송하는 일본군

출처: 저널 "Нива №24", 6월 12일(뻬쩨르부르그), 477쪽, 출판: А.Ф.Маркаса

Переход японской гвардейской артиллерии болотистые места в корее

한국의 늪지대를 통과9하는 일본군 기마포병부대

출처: 저널 "Нива №25", 1904년 6월 19일(뻬쩨르부르그), 499쪽, 출판: А.Ф.Маркаса

Как японцы совершают переходы в Кореи. Рис. Ч.Шелдон

조선 땅에서 행군하는 일본군대(그림: 췌. 쉘돈)

출처: 저널 "Нива No.13", 1904년 3월 27일(모스크바), 256쪽

제3장

중국과 만주 일대 러일전쟁

Общий вид залива Посьет

포시에트 만의 전경

출처: 저널 "Нива №.15", 1904년 4월 10일(모스크바), 281쪽

Эскадренный броненосец Петропавловск , погибший от взрыва на рейде Порт-Артура 31-го марта.Построен в 1894г. В Петербурге

1904년 3월 31일 포르트 아르투라(Port Arthur, 旅順)항에서 폭발로 침몰한
표트르파블롭스크 구축함(1894년 뻬쩨르부르그에서 건조)

출처: 저널 "Нива №.15", 1904년 4월 10일(모스크바), 292쪽, 출판: А.Ф.Маркаса

Эскадренный бронеосец Победа ,получивший 31-го марта при перестроении эскадры(в Порте-Артура) удар миной в средину правого борта. Построен в 1900г. В Петербурге на Балтийском заводе

1904년 3월 31일 포르트　아르투라(Port Arthur, 旅順)항에서 재건축 중에 우현 중앙부에 수뢰공격을 받은 구축함 포베다(승리)호(1900년에 뻬쩨르부르그 발틱조선소에서 건조됨)

Генерал-лейтенант В.Г. Глазов, назначенный управляющим министерством народного просвещения

인민계몽부 장관으로 임명된 글라조프 중장

출처: 저널 "Нива №.17", 1904년 4월 16일(뻬쩨르부르그), 339쪽, 출판: А.Ф.Маркаса

Порт Посьет

포시에트(Posyet) 항

출처: 저널 "Нива №21", 1904년 5월 22일(뻬쩨르부르그), 413쪽, 출판: А.Ф.Маркаса

Харбин. Ворота крепости
하얼빈(Harbin)의 러시아군 요새 대문

출처: 저널 "Нива №21", 1904년 5월 22일(뻬쩨르부르그), 413쪽, 출판: А.Ф.Маркаса

Старый Харбин (В крепости)
구 하얼빈(Harbin) 요새에서

출처: 저널 "Нива №21", 1904년 5월 22일(뻬쩨르부르그), 413쪽, 출판: А.Ф.Маркаса

Офицер на велосипеде-дрезине объезжает линию восточнокитайской жел.дор

궤도 자전거를 타고 동중국철도 노선을 순찰하는 장교

출처: 저널 "Нива №21", 1904년 5월 22일(뻬쩨르부르그), 413쪽, 출판: А.Ф.Маркаса

Дороги в Манчжурии
만주의 도로

출처: 저널 "Нива №21", 1904년 5월 22일(뻬쩨르부르그), 414쪽, 출판: А.Ф.Маркаса

Кинематографъ на службе у военного корреспондента. Наши казаки въ Манчжурии

군 통신부서의 촬영기사. 만주의 러시아 카자크부대 행군 모습

출처: 저널 "Нива №21", 1904년 5월 22일(뻬쩨르부르그), 413쪽, 출판: А.Ф.Маркаса

Православный храм в Токио, на холм Суругудай
도쿄 수루구다이山의 동방정교회

출처: 저널 "Нива №25", 1904년 6월 19일(뻬쩨르부르그), 496쪽, 출판: А.Ф.Маркаса

Походный храм-палатка храм-палатка для войск, отправленный на Дальный Восток и сооруженный на пожертвования, собранные братством св. Иннокентия при церкви петербургского 1-го реального училища

뻬쩨르부르그 제1실제학교 부설 교회의 성 이노켄찌이 정교도 단체 기부금으로 제작하여 전쟁이 한창인 극동지역으로 보낸 러시아정교의 이동식 천막교회

출처: 저널 "Нива №25", 1904년 6월 19일(뻬쩨르부르그), 496쪽, 출판: А.Ф.Маркаса

вид на реке Ляо-хэ

랴오허강(Liao River, 遼河)의 풍경

출처: 저널 "Нива №28", 1904년 7월 10일(뻬쩨르부르그), 552쪽, 출판: А.Ф.Маркаса

III

이미지로 보는 6·25

제1장

6·25전쟁과 전후의 북한

Горы цветов у подножья
монумента, воздвигнутого в
честь Советской
Армии-освободительницы

소련해방군에 대한 경의의 표시로 평양
모란봉에 건립한 기념탑 기단의 '꽃동산'

출처: 저널 "ОГОНЁК №4", 1950년 1월(모스크바), 14쪽

Люди идут с цветами к монументу на горе Моранбон
꽃을 들고 모란봉 소련해방군 기념탑을 향하는 사람들의 행렬

출처: 저널 "ОГОНЁК №4", 1950년 1월(모스크바), 14쪽

Группа молодых корейских кино-работников

조선 청년 영화인들

출처: 저널 "ОГОНЁК №4", 1950년 1월(모스크바), 15쪽

Здание выставки Корейского общества культурной связи с СССР

조-쏘 문화통신협회 상설전람회장 건물

출처: 저널 "ОГОНЁК №4", 1950년 1월(모스크바), 15쪽

В балетной студии. На репетиции национального танца
발레 스튜디오: 조선민속춤 리허설

출처: 저널 "ОГОНЁК №4", 1950년 1월(모스크바), 16쪽

На концерте корейских артистов в Концертном зале имени Чайковского

차이코프스키 콘서트홀에서 열린 조선 예능인들의 공연 장면

출처: 저널 "ОГОНЁК №27", 1953년 7월(모스크바), 15쪽

Жители Сеула провожают на фронт добровольцев

지원병들을 전선으로 배웅하는 서울 시민들

출처: 저널 "ОГОНЁК №37" 1950년 9월(모스크바), 9쪽

На снимке: солдаты народной армии на привале

행군 중 휴식을 취하는 인민군 병사들

출처: 저널 "ОГОНЁК №. 35", 1950년 8월(모스크바), 10쪽

На снимке: американские военнопленные
미군 포로들의 모습

출처: 저널 "ОГОНЁК № 35", 1950년 8월(모스크바), 10쪽

Залитые кровью, застывшие в муке глаза этого корейского юноши обращены к безучастному небу. В его предсмертном взоре – ненависть и проклятье палачам в американских мундирах.

피범벅이 되어 고통에 찬 이 조선청년의 두 눈이 무심한 하늘을 향하고 있다. 미군에 대한 증오와 저주로 가득 찬 그의 최후의 눈길

출처: 저널 "ОГОНЁК №38", 1950년 9월(모스크바), 2쪽

А теперь через этот водный рубеж уверенно переправляются народные войска

미군의 방어선을 격파하고 도강하는 인민군대

출처: 저널 "ОГОНЁК №38" 1950년 9월(모스크바), 3쪽

По улицам одного из городов южной корей,
осбовождённых от ига интервентов, идёт колона
добровольцев народной армии

남한의 한 도시의 거리를 행진하는 인민군 자원병 행렬

출처: 저널 "ОГОНЁК №38", 1950년 9월(모스크바), 2쪽

Зенитные орудия корейских моряков готовы к бою, сердца их полны отваги. Доблестные защитники кореи твёрдо верят в свои силы, в свою победу

북한 해군의 고사포

출처: 저널 "ОГОНЁК №38", 1950년 9월(모스크바), 2쪽

> Заслуженное возмездие постигло ещё одного воздушного пирата. Обломки американского истребителя, сбитого корейскими лётчиками.... Символическая картина: жизнь и труд всегда сильнее насилия и смерти!
>
> 북한 조종사들에 의해 격추된 미군 전투기 잔해

출처: 저널 "ОГОНЁК №38" 1950년 9월(모스크바), 2쪽

Где владельцы этого орудия, чванливые завоеватели из соединённых штатов? Увы , след их давно простыл! Под ударами корейских воинов американские интервенты сплошь да рядом бросают не только свои орудия , но и мундиры

미군들이 인민군의 공격을 받고 버리고 간 무기

출처: 저널 "ОГОНЁК №38", 1950년 9월(모스크바), 3쪽

Попадая в плен, американские солдаты и офицеры мгновенно теряют опереточное павливье оперение. Лица их мрачны

인민군에게 포로로 잡힌 미군 병사들과 장교

출처: 저널 "ОГОНЁК №38", 1950년 9월(모스크바), 2쪽

Американские интервенты, бессильные сломить сопротивление корейского народа в открытом бою, возлагают свои надежды на бесчеловечные бомбардировки – позорное оружие террора против мирного населения. На этих улицах Пхеньяна не было ни одного военного объекта

미군의 폭격을 맞은 평양의 거리

출처: 저널 "ОГОНЁК №38", 1950년 9월(모스크바), 2쪽

Под руинами зданий погребены сотни мирных жителей Вонсана — женщин, стариков, детей

건물 잔해에 묻힌 수백 명의 원산 주민 구조 작업

출처: 저널 "ОГОНЁК №38", 1950년 9월(모스크바), 2쪽

Сцена из пьесы «Южнее 38-й Паралели» в Московском драматическом театре. Лудильщик Пак Тар – артист С.Соколовский(слева), Ким Ин Чен – артист М.Постников

모스크바 드라마 극장에서 상연된 희곡 «38선 이남»의 한 장면

출처: 저널 "ОГОНЁК №40", 1950년 10월(모스크바), 26쪽

После того как Пак Ден Ай закончила свою речь, к ней потянулись сотни дружеских рук

박정애씨가 연설을 마치자 그녀에게 수많은 우호의 손길이 뻗쳤다

출처: 저널 "ОГОНЁК №49", 1950년 12월(모스크바), 4쪽

Молодая крестьянка Ку Чан Су вместе с мужем ушла в партизанский отряд в те дни. Когда над Кореей сгустились тучи войны. Эта смелая маленькая женщина, никогда раньше не державшая в руках винтовки, сейчас говорит в о себе: «На моем счету не один убитый американец. Я научилась стрелять, потому что этого потребовала родина»

남편과 함께 빨치산 부대에 들어간 농부 구찬수

출처: 저널 "ОГОНЁК №6", 1951년 2월(모스크바), 5쪽

Интервенты расправляются с патриотами Кореи. Со спокойным мужеством, с презрением смотрят патриоты в глаза палачей. Они уверены: придет час расплаты, великое, святое дело, за которое они отдают свою жизнь, победит!

'침략자(외세)'들이 조선의 '애국자'들을 징벌하는 모습

출처: 저널 "ОГОНЁК №6", 1951년 2월(모스크바), 5쪽

Беседа друзей. Директор чехословацкого госфильма Ф. Пилат(слева) и члены корейской делегации Мун Е Гон, О Ун Так, Тен Тун Це

체코슬로바키아 국립영화사 사장 필라트와 북한사절단원의 대화(왼쪽부터 F.필라트, 문예곤, 오운탁,천등체)

출처: 저널 "ОГОНЁК №33", 1951년 8월(모스크바), 5쪽

Ким Хо Бин – герой КНДР. В оборонительных боях на Восточном фронте за высоту 384,2 отделение под командованием Ким Хо Бина приняло на себя атаку противника численностью до двух рот и в ожесточенной схватке уничтожило более 80 вражеских солдат

'조선인민민주주의공화국 영웅'- 김호빈, 김호곤이 지휘하는 부대가 동부전선 384.2미터 고지에서 벌어진 2개 중대 규모의 '적'과의 격렬한 전투에서 80명 이상의 '적군'을 '궤멸'시켰다.

출처: 저널 "ОГОНЁК №26" 1953년 6월(모스크바), 8쪽

Сержант народной армии, стрелок – охотник за вражескими самолётами – Ким Кен Хак награжден орденом Государственого знамени всех трёх степеней. Он сбил индивидуально и в группе шесть самолётов. В снимке Ким Кен Хак в стрелковой ячейке

'적'의 비행기 6대를 개인 또는 단체로 격추시켜 국가3급훈장을 받은 조선인민군하전사 김경학

출처: 저널 "ОГОНЁК №26" 1953년 6월(모스크바), 9쪽

Река Тэдонган в районе Пхеньяна

평양 지역 대동강 전경

출처: 저널 "ОГОНЁК №26", 1953년 6월(모스크바), 9쪽

Южные ворота древней крепостной стены Пхеньяна в районе горы моранбон

모란봉의 고대 평양성 남문

출처: 저널 "ОГОНЁК №26", 1953년 6월(모스크바), 10쪽

Девушки – танкистки Народной армии, - у Хебантхапа, монумента, воздвигнутого на горе Моранбон в честь освобождения Кореи Советской армией в 1945 году

1945년 소련군에 의한 조선 '해방'을 기리기 위하여 모란봉에 건축한 '해방탑' 옆에서 기념촬영하는 인민군 여성 탱크병

출처: 저널 "ОГОНЁК №26", 1953년 6월(모스크바), 10쪽

В республике работают тысячи школ, в которых учатся все дети школьного возроста. Вечером в школах работают кружки ликбеза. На снимке: занятия кружка ликбеза в селе Сенбукри, провинции южный Пхенан.

북한의 수 천 개의 학교에서 모든 학령 인구가 공부하고 있다(그림: 평안남도 선북리 마을의 한 문맹퇴치 클럽의 수업)

출처: 저널 "ОГОНЁК №26", 1953년 6월(모스크바), 11쪽

Рабочие подземной фабрики выпускают обмундирование для народной армии

인민군 제복을 생산하는 지하 공장의 노동자들

출처: 저널 "ОГОНЁК №26", 1953년 6월(모스크바), 11쪽

Ансанбль Народной армии, оперный и драматический театры, заводские кружки художественной самодеятельности – частные гости у солдат и офицеров Народной армии

인민군 앙상블, 오페라 드라마 극장, 공장의 아마추어 예술단 등의 공연을 관람하는 인민군 장병들의 내빈

출처: 저널 "ОГОНЁК №26", 1953년 6월(모스크바), 11쪽

В этом году крестьяне Северной Кореи решили выростить урожай, намного превышающий богатый урожай 1952 года. На снимке: крестьяне одной из деревень прифронтовой провинции Хван Хэ пересаживают на поля рассаду риса.

1952년의 풍년을 상회하는 1953년 수확을 다짐하다(사진: 전선에 가까운 황해도 어느 시골마을의 농민들이 모내기 하는 광경)

출처: 저널 "ОГОНЁК №26", 1953년 6월(모스크바), 11쪽

Девушки героической Кореи исполняют национальный танец

민속춤을 추는 '영웅적인' 조선의 아가씨들

출처: 저널 "ОГОНЁК №33", 1953년 8월(모스크바), 13쪽

В столице народной Кореи выставлена карта будущего Пхеньяна. Фото: Мераи Тибор(венгерский журналист)

평양에 설치된 전후 평양 복구 계획도(사진: 메라이 티보르 – 헝가리 기자)

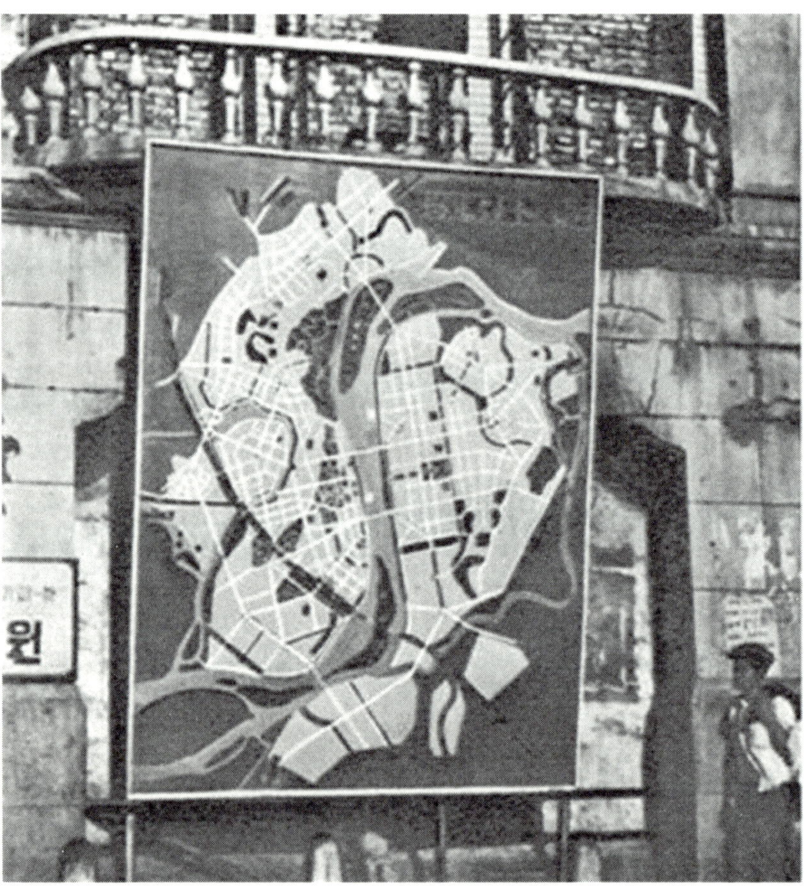

출처: 저널 "ОГОНЁК №46", 1953년 11월(모스크바), 17쪽

На поля вышли тракторы в Вонсане. Фото: Мераи Тибор(венгерский журналист)

원산 들판에 투입된 트랙터(사진: 메라이 티보르 – 헝가리 기자

출처: 저널 "ОГОНЁК №46", 1953년 11월(모스크바), 17쪽

Большое внимание уделяется восстановлению железнодорожного транспорта. Фото: Мераи Тибор(венгерский журналист)

철도 복구 작업에 많은 관심을 기울이고 있는 모습(사진: 메라이 티보르 - 헝가리 기자)

출처: 저널 "ОГОНЁК №46", 1953년 11월(모스크바), 18쪽

Бригады строителей расчищают улицы Пхеньяна от обломков. Фото: Мераи Тибор(венгерский журналист)

평양의 거리에서 전쟁 잔해를 치우고 있는 건설노동자 단체(사진: 메라이 티보르 –헝가리 기자)

출처: 저널 "ОГОНЁК №46" 1953년 11월(모스크바), 18쪽

Геодезисты на улицах Пхеньяна. Фото: Мераи Тибор(венгерский журналист)

평양 거리의 측량사들(사진: 메라이 티보르 – 헝가리 기자)

출처: 저널 "ОГОНЁК №46", 1953년 11월(모스크바), 18쪽

В Вонсане Лы Су Док и его жена Лы Сун Иль теперь рассказывает об их жизни по кинокартинам. Фото: Мераи Тибор(венгерский журналист)

북한의 6.25전쟁에서 빨찌산 전투를 수행하여 많은 공을 세웠다는 '인민영웅' 리순덕과 그의 아내 리순일. 지금은 원산에서 영화를 통해 자신들의 삶을 이야기 하고 있다

출처: 저널 "ОГОНЁК №46", 1953년 11월(모스크바), 19쪽

Подписание китайско-корейского соглашения об экономическом и культурном сотрудничестве. Проходившие в ноябре переговоры между Центральным народным правительством Китайской Народнрой Республики и правительственной делегацией Корейской Народно-Демократической Республики завершились подписанием китайско- корейского соглашения об эконосическом и культурном сотрудничестве. При подписании соглашения присутствовал председатель Центрального народного правительства КНР Мао Цзэ-дун. На снимке: соглашение подписывают председатель Кабинета министров Корейской Народно-Демократической Республики маршал Ким Ир Сен(слева) и премьер Государственного административного совета и министр иностранных дел Китайской Народной Республики Чжоу Энь-лай (Фото агенства Синьхуа)

중공과 북한 간의 경제–문화 협력에 관한 협약 체결 장면(1953년 11월)
사진: 중화인민공화국 의장 마오쩌둥(毛澤東, 뒷줄 가운데)이 지켜보는 가운데
조선인민공화국 수상 김일성(왼쪽)과 중화인민공화국 총리겸 외교부장인
저우언라이(周恩來)가 협약서에 서명하고 있다(신화사통신)

출처: 저널 "ОГОНЁК №51", 1953년 12월(모스크바), 10쪽

제2장

포로교환과 휴전협정

[В Паньмыньчжоне] По дороге извивающейся между холмами, поднимается колонна американских военных грузовиков, полных корейскими и китайскими военнопленными, возвращающимися из американских лагерей смерти – с островов Кочжедо,Чечжудо и Понган. Фото В.Бырлэдяну

거제도, 제주도, Pongan도의 미군포로수용소에서 인민군과 중공군 전쟁포로들을 가득 실은 미군군용트럭 종대가 굽이굽이 산길을 따라 올라오고 있다(사진: V. 브를에드얀우)

출처: 저널 "ОГОНЁК №38", 1953년 9월(모스크바), 10쪽 1번 사진

[В Паньмыньчжоне] Пленные срывают с себя одежду, скидывают обувь – всё, что напоминает о лагерях смерти. Около американских машин возникли груды рваной одежды и лохмотиев. Фото В.Бырлэдяну

인민군과 중공군 전쟁포로들이 벗어 던진 수용소 피복(판문점), (사진: V.브를에드얀우)

출처: 저널 "ОГОНЁК №38", 1953년9월(모스크바), 10쪽 2번 사진

[В Паньмыньчжоне] Многие не могли совладать с обуревавшим их гневом и кричали вчерашним мучителям «Вы когда-нибудь ответьте пред народами за всё то, что вы с нами сделали!». Военно-пленных поддерживают под руки – настолько они измученны. Фото В.Бырлэдяну

인민군 전쟁포로를 맞이하는 장면(판문점). 몸을 제대로 가누지 못하는 이들을 북한병사가 부축하고 있다(사진: V. 브를에드얀우)

출처: 저널 "ОГОНЁК №38", 1953년 9월(모스크바), 10쪽 3번 사진

[В Паньмыньчжоне] "Мы их писали этой ночью, использовав зубную пасту»-ответил он с улыбками. Фото В.Бырлэдяну

"오늘 새벽에 치약을 가지고 쓴 것입니다"라고 미소를 지으며 답하는 청년의 모습(판문점), (사진: V. 브를에드얀우)

출처: 저널 "ОГОНЁК №38", 1953년9월(모스크바), 10쪽 4번 사진

[В Паньмыньчжоне] Вот из машины выходит юноша. В пути он сбросил выданную американцами одежду и остался голым. Фото В.Бырлэдяну

버스에서 막 하차하는 청년(판문점). 포로교환장소로 오는 도중에 미군들에게서 지급받았던 옷을 벗어 던져버려 알몸이 된 청년(사진: V. 브를에드얀우)

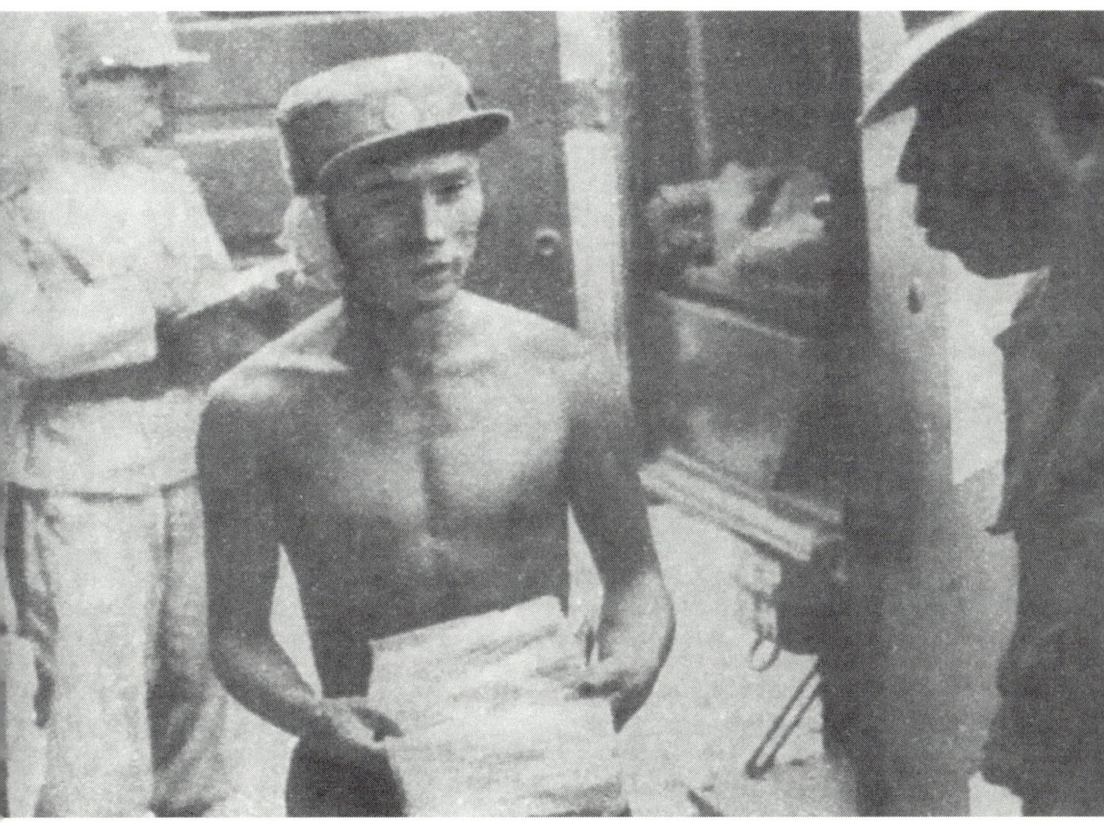

출처: 저널 "ОГОНЁК №38", 1953년 9월(모스크바), 11쪽 5번 사진

[В Паньмыньчжоне] Многие не могли совладать с обуревавшим их гневом и кричали вчерашним мучителям «Вы когда-нибудь ответьте пред народами за всё то, что вы с нами сделали!». Военно-пленных поддерживают под руки – настолько они измученны.
Фото В.Бырлэдяну

인민군 전쟁포로를 맞이하는 광경(판문점-포로교환). 몸을 제대로 가누지 못하는 이들을 북한병사가 부축하고 있다(사진: V. 브를에드얀우)

출처: 저널 "ОГОНЁК №38" 1953년 9월 (모스크바), 11쪽 7번 사진

[В Паньмыньчжоне] Военнопленные «войск ООН» бодро выскакивают из машин, в руках у них свертки с тёплыми одеялами, чемоданы. Некоторые прижимают к груди гитары и мандолины, подаренные им в лагерях. Фото В.Бырлэдяну

판문점 자유의 문으로 귀환하는 유엔군 전쟁포로. 수용소에서 선물 받은 기타와 만돌린을 가슴에 꼭 안고 있는 이들도 있다(사진: V. 브를에드얀우)

출처: 저널 "ОГОНЁК №38", 1953년 9월(모스크바), 11쪽 8번 사진

[В Паньмыньчжоне] На пункте приема ООН дежурит целая стая корреспондентов американских, английских и других газет. Фото В.Бырлэдяну

유엔의 영접 장소에서 미국과 영국 및 기타 국가의 신문사 특파원들이 전쟁포로들의 귀환을 취재하기 위해 무리 지어 기다리는 모습(판문점), (사진: V. 브를에드얀우)

출처: 저널 "ОГОНЁК №38", 1953년 9월(모스크바), 11쪽 9번 사진

[В Паньмыньчжоне] Трудно забыть, с какой теплотой приветствовали жители ПаньМынь-чжона мучеников Кочжедо и других лагерей смерти. Фото В.Бырлэдяну

거제도와 그 밖의 수용소에서 귀환하는 전쟁포로들을 열렬히 환영하는 판문점 주민들(판문점), (사진: V. 브를에드얀우)

출처: 저널 "ОГОНЁК №38", 1953년 9월(모스크바), 11쪽 10번 사진

К переговорам в Кэсоне. Весь мир с удовлетворением встретил начало переговоров о перемирии в Корее. Делегация главного командования корейской народной армии и командования китайских добровольческих частей делает всё возможное для завершения переговоров в интересах укрепления мира на Дальнем Востоке и во всем мире. На снимке: генерал Се Фан и генерал Дэн Хуа, генерал-полковник Нам Ир, Глава делегации, генерал-майор Ли Сан Чу, генерал-майор Чон Бйон Сан

개성 회담(1951년 7월)에 참석한 공산군측 대표단. '조선'에서의 휴전을 위한 첫 회담의 시작을 전 세계가 환영하고 있다. 극동과 전세계 평화를 강화하기 위하여 회담 마무리를 위해 진력하고 있는 조선인민군총사령부와 중공군 의용부대 사령부 대표단(사진: 왼쪽부터 세판 장군, 덴화 장군, 대표단 책임자 대장 남일, 소장 이상추, 소장 전변산)

출처: 저널 "ОГОНЁК №33" 1951년 8월(모스크바), 19쪽

10 сентября в Москву по приглашению Советского правительства прибыла правительственная делагация Корейской народно-демократической республики. Делегацию возгловляет представитель кабинета министерств Корейской народно-демократической республики Ким Ир Сен. На картинке: В.М.Молотов, Ким Ир Сен, Н.А. Булганин и сопровождающие их на Ярославском вокзале. Фото А. Гостева.

소련 정부의 초청으로 1953년9월10일 모스크바 도착한 조선민주주의공화국 대표단. 이 대표단을 영도하는 조선민주주의인민공화국 내각 수반 김일성(사진: 야로슬랍스키역에 도착한 김일성, V.M. Molotov, N.A. Bulganin과 그들의 수행인, 촬영: A.고스테프)

출처: 저널 "ОГОНЁК №38", 1953년 9월 10일(모스크바), 9쪽

Подписание соглошения о перемирии в Корее
1953년 한국 휴전협정에 서명하는 모습

출처: 저널 "ОГОНЁК №33", 1953년 8월(모스크바), 8쪽

Глава корейско-китайской делегации генерал Нам Ир подписывает соглашение о перемирии

북한 - 중국 대표단장 남일이 휴전 협정에 서명 하는 모습

출처: 저널 "ОГОНЁК №33". 1953년 8월(모스크바), 8쪽

Соглашение подписывают американцы
휴전협정에 서명하는 미국 대표

출처: 저널 "ОГОНЁК №33", 1953년 8월(모스크바), 8쪽

* Зеленин А.В. «Всемирный Путешественник. Путешествия Н.М.Пр жевалского», 1900/4/20, СПб., Изд. П.П.Сойкина
* Сувиров Н.Н. «Корея» 1904, СПб., Изд. Книжный магазин К.Фел ьдман.
* Биркнер Ф.(перевод с немецкого П.Ю.Шмидта) «Человек» 1912/ 1913, Мюнхен, Изд. Брокгаузъ-Ефронъ
* Реклю.Э. «Земля и люди» 1898/4/20, СПб, Изд.Общественная пол ьза
* Семенов П.П. «Живописная Россия» 1835, Изд. Товарищество М. О.Вольфъ, Москва
* Журнал «НИБА №4» 1904/1/24, Изд. А.Ф.Маркса, с-Петербург
* Журнал «НИБА №13» 1904/3/27, Изд. А.Ф.Маркса, с-Петербург
* Журнал «НИБА №15» 1904/4/10, Изд. А.Ф.Маркса, с-Петербург
* Журнал «НИБА №17» 1904/4/24, Изд. А.Ф.Маркса, с-Петербург
* Журнал «НИБА №18» 1904/5/1, Изд. А.Ф.Маркса, с-Петербург
* Журнал «НИБА №19» 1904/5/8, Изд. А.Ф.Маркса, с-Петербург
* Журнал «НИБА №21» 1904/5/22, Изд. А.Ф.Маркса, с-Петербург
* Журнал «НИБА №23» 1904/6/5, Изд. А.Ф.Маркса, с-Петербург
* Журнал «НИБА №24» 1904/6/12, Изд. А.Ф.Маркса, с-Петербург
* Журнал «НИБА №25» 1904/6/19, Изд. А.Ф.Маркса, с-Петербург
* Журнал «НИБА №28» 1904/7/10, Изд. А.Ф.Маркса, с-Петербург
* Журнал «ОГОНЁК №4» 1950/1, Издательство «Правда», Москва
* Журнал «ОГОНЁК №27» 1950/7, Издательство «Правда», Москва
* Журнал «ОГОНЁК №35» 1950/8, Издательство «Правда», Москва
* Журнал «ОГОНЁК №37» 1950/9, Издательство «Правда», Москва
* Журнал «ОГОНЁК №38» 1950/9, Издательство «Правда», Москва
* Журнал «ОГОНЁК №40» 1950/10, Издательство «Правда», Москва
* Журнал «ОГОНЁК №49» 1950/12, Издательство «Правда», Москва

- Журнал «ОГОНЁК №6» 1951/2, Издательство «Правда», Москва
- Журнал «ОГОНЁК №33» 1951/8, Издательство «Правда», Москва
- Журнал «ОГОНЁК №26» 1953/6, Издательство «Правда», Москва
- Журнал «ОГОНЁК №33» 1953/8, Издательство «Правда», Москва
- Журнал «ОГОНЁК №38» 1953/9, Издательство «Правда», Москва
- Журнал «ОГОНЁК №46» 1953/11, Издательство «Правда», Москва
- Журнал «ОГОНЁК №51» 1953/12, Издательство «Правда», Москва